लो कहा साँबरी

लो कहा साँबरी

तेजी ग्रोवर

वाणी प्रकाशन

वाणी प्रकाशन
4695, 21-ए, दरियागंज, नयी दिल्ली 110 002

शाखा
अशोक राजपथ, पटना 800 004

फ़ोनः +91 11 23273167 फ़ैक्सः +91 11 23275710

www.vaniprakashan.in
vaniprakashan@gmail.com
editorial@vaniprakashan.in
sales@vaniprakashan.in

LO KAHA SAMBARI
by Teji Grover

ISBN : 978-93-5229-362-9
Poems

प्रथम (वाणी) संस्करण

मूल्य : ₹ 200

आवरण चित्र : तेजी ग्रोवर, जितेन्द्र ठाकुर
आवरण आकल्पन : जितेन्द्र ठाकुर

ओम ऑफसेट, दिल्ली-110 093 में मुद्रित

वाणी प्रकाशन का लोगो मक़बूल फ़िदा हुसेन की कूची से

माँ
और
रुस्तम के लिए

अपना भी मनचाहा रूप नहीं बनता

—त्रिलोचन

माँ
और
रुस्तम के लिए

अपना भी मनचाहा रूप नहीं बनता

—त्रिलोचन

लो कहा साँबरी

तेजी ग्रोवर

वाणी प्रकाशन

वाणी प्रकाशन

4695, 21-ए, दरियागंज, नयी दिल्ली 110 002

शाखा

अशोक राजपथ, पटना 800 004

फ़ोन: +91 11 23273167 फ़ैक्स: +91 11 23275710

www.vaniprakashan.in
vaniprakashan@gmail.com
editorial@vaniprakashan.in
sales@vaniprakashan.in

LO KAHA SAMBARI
by Teji Grover

ISBN : 978-93-5229-362-9
Poems

प्रथम (वाणी) संस्करण

मूल्य : ₹ 200

आवरण चित्र : तेजी ग्रोवर, जितेन्द्र ठाकुर
आवरण आकल्पन : जितेन्द्र ठाकुर

ओम ऑफसेट, दिल्ली-110 093 में मुद्रित

वाणी प्रकाशन का लोगो मक़बूल फ़िदा हुसेन की कूची से

लो कहा साँबरी और अन्त की कविताएँ

अनुक्रम

जुदाई गीत

सखा की कविताएँ

तेजी ग्रोवर की इन कविताओं का पहला ध्यानाकर्षी गुण इनकी सूक्ष्म और सघन ऐन्द्रिकता है जो इनके अनोखे अनुभव-जगत को हमारे लिए आत्मीय और इन्द्रिय-साध्य बनाती है। एक ऐसे समय में जबकि हमारे संसार के विपुल रागवैविध्य को मुट्ठी भर वैचारिक प्रत्ययों में विनिमेय बनाया जा रहा है, इन कविताओं में ऐन्द्रिक सिद्धि का यह आग्रह एक अतिरिक्त मूल्य रखता है। प्रकृति और मानवीय जीवन की परिचित और बहुधा अलक्षित वस्तुओं के सहज किन्तु अप्रत्याशित संयोजनों से रचे गए लगभग अतीन्द्रिय से लगते बिम्बों की सन्निधि और अनुभव तथा अभिव्यक्ति दोनों ही स्तरों पर एक निजी किस्म का सूक्ष्म्र क्रीड़ाभाव इस ऐन्द्रिकता को दुर्लभ सौन्दर्य प्रदान करता है।

अनेक कविताओं में एक गहरा रति विवेक है जिसे अविच्छिन्न विप्रलम्भ के एक अन्तर्निहित और बिखरे हुए रूपक में अभिव्यक्ति मिली है। लेकिन यह रूपक अभ्यर्थना अथवा उपालम्भ जैसे अनुभवों की बजाय विछोह को अस्तित्व की एक सहज स्थिति के रूप में समझने और सहने में स्पन्दित है। वे विप्रलब्धा के नहीं, विप्रलम्भ के दृष्टिकोण से लिखी गयी कविताएँ हैं।

सार्वजनिकता, सामाजिकता, व्यापकता, वस्तुपरकता और विचारधारा के भीषण कोलाहल के बीच ये निजता के रागस्मृद्ध मौन के लिए अवकाश रचती कविताएँ हैं। वाचालता के समकालीन विपुल में जहाँ सारे प्रवचन सत्ता उपार्जन के उद्योग में निरे उपकरण बनकर रह गये हैं और जहाँ स्वयं बहुत-सी कविता में इन प्रवचनों में शामिल होने का प्रलोभन जागा हुआ है, ये कविताएँ मानवीय रागों की शुद्धता में विश्वास करती हैं और वचन के द्वारा मौन को अर्जित करने की चेष्टा करती हैं।

—मदन सोनी

लो कहा साँबरी

जो कवि भाषा से अपने अनुराग और आसक्ति का अपनी कविता की काया में ही साक्ष्य न दे उसे हम जैसे लोग अच्छा कवि मानने में संकोच करेंगे। कविता जितना 'आत्म' और 'पर', निजी और सार्वजनिक के द्वन्द्व से उपजती है उतना ही कवि के शब्द-संघर्ष से भी। तेजी ग्रोवर हिन्दी कविता के चालू मुहावरे से दूर अपनी भाषा पाती-गढ़ती हैं : उसमें अपने आसपास को देखने, उससे प्रतिकृत होने और उसे विन्यस्त करने का कौशल है। तेजी के यहाँ भाषा ऐसा रूप ग्रहण करती है जो अनूठा और अर्थदायी है — हम कविता के पास हैं, सचाई के पड़ोस में।

—अशोक वाजपेयी

मौन

यह मौन
बोल देने से ही घना होना है

छिलके हवा में फेंक दिये
फल भीतर रस रचता है

आँख के पर्दे पर
आग की लौ के आसपास
लहर की तरह चढ़ी हुई साँस
मेरे बोल को ले जाए साथ

वहाँ, जहाँ वापस होते हुए पानी
मछली के लिए साँस लेकर जाएँगे

मेरे बोल हों वहाँ
जहाँ लौटती लहर में
सतह पर उबरती हुई मछली
साँस लेने उछलती है...

वही बोल हों मेरे
जिन्हें बोल देने से
यह मौन घना होना है

ऐन उस वक्त

ऐन उस वक़्त
जब मेरा दिल कमज़ोर होता है
हर किसी बात पर आती है रुलाई
मेरे घोड़े का मन होता है
मैं उस पर चाबुक चलाऊँ

जब वह निढाल होता है
चने की दिशा में उड़ती है लार
ऐन उस वक़्त
मैं सवार होना चाहता हूँ
पहाड़ों को लक्ष्य कर
मैं चाबुक चलाता हूँ
उसकी पीठ नाक मुँह पर
उभरने लगता है यात्रा का नाद
इस तरह उतारता हूँ भूत
मेरे घोड़े की भूख का

ऐन उस वक़्त
जब घोड़ी पर टूटता है वो
बहुत बहुत दिन बाद
जब प्यार का ख़याल आता है
तो उसे चने का थाल देता हूँ
देखता हूँ अनमनी प्रिया का प्रस्थान

और मेरा शून्य में ध्यान लगता है

फिर किसी दिन
वह कुछ देर मुझे घूरता है
धीरे धीरे
मेरे मस्तक से ऊपर की हवा में
उसके खुर प्रार्थना में उठते हैं

मैं देखता हूँ ऊपर
उसके खुरों के पीछे आसमान का रङ्ग
और जान जाता हूँ
एक घोड़ा अपनी मौत कैसे माँगता है

इससे बेहतर मैं कुछ नहीं जानता
कि ऐन इस वक़्त
इसे घोड़ी के पास होना चाहिए

जित्ते पक्षी की यह पंक्ति

आज यहाँ नाव नहीं आयेगी
जिसके पाल में धूप बनती है

जिस धूप में धुले जलपक्षी
ठीक लहरों की तरह उड़ते हैं

लहरें – जिनकी उजली पाँत
बहुत पहले
आम परिन्दों से कहीं पहले
आँख से ओट होती है

उस आँख से ओट
जो तट पर
सुबह के साथ खुलती है –
यह मछुआरे की बच्ची की आँख है

बच्ची
जो दुबली उँगलियों पर
जलपक्षी पाँत गिनती है

फिर कहती है
इत्ती ही मछली दो ईश्वर

जित्ते पक्षी की यह पंक्ति उड़ती है
यह देख, यह देख
गिन इसे, गिन इसे ईश्वर
गिन देख इसे, यह पंक्ति उड़ती है

इत्ती ही मछली दो ईश्वर
जित्ते पक्षी की यह पंक्ति उड़ती है
यह उस ईश्वर से कहती है
जो सफ़ेद पाल की नाव है
जिसमें धूप बनती है

जिस धूप में धुले जलपक्षी
ठीक लहरों की तरह उड़ते हैं

उसी नाव से कहती है
जो आज यहाँ नहीं आयेगी
और पंक्ति टूट जाएगी

फिर भी कहती है

सुनो मैं वाक़ई

सुनो
मैं वाक़ई अटक गया हूँ

पता नहीं कौन यहाँ आया
रात के शान्त पहर में
कौन वृक्ष साँप नदी का ईश्वर यहाँ आया
कि सुख और दुख़ की सारी लताएँ उलझाये अपने बालों में
सुख नदी दुख वृक्ष एक साँप की सारी भाषाएँ गूँथकर
मेरे पास ढेर कर गया

मैं भेद न करूँ मैंने माना
चलो रोऊँ हँसूँ तो न लगे
मैं ये हूँ कि वो मैंने जाना

पर फिर भी तुम हो कौन ईश्वर
नदी हो कि वृक्ष कि साँप
कहो ईश्वर

कि सुख और दुख के बीच
कोई नदी है
वृक्ष
या

फिर कोई साँप है

यह भेद मुझे पार करना है
चढ़ना है
कि गले में डाल
बर्फों पर चले जाना है

बोलो ईश्वर,
मैं इस पृथ्वी पर
पहले आदमी की तरह पूछ रहा हूँ तुमसे

बुलबुलों की दुकान

(सिद्धार्थ के एक चित्र की देखा-देखी)

शाम के बच्चे
घिर रहे हैं प्रगति मैदान
बाहर अकेली उड़ रही है कोई दुकान
साबुन के घोल में
फूँक रहे हैं अब्बाजान

सतरङ्गी हवालहर में शीत की छाप
खे रही है
झीने
टूट
टूट
पड़ते ख़्वाब
और कहने को दिशा आसमान है

अब आइसक्रीम चाटते
बाहर निकलते शाम के बच्चे
दिख रहे हैं बुलबुलों के पार
और नक्षत्रों में अकेले घिरे अब्बाजान
सोचते हैं
कितनी चिल्लर आयेगी शौक़ीन से
कितनी सृष्टियाँ रची जाएँगी
उनके थैले की उनचास मशीन से

कौन के सङ्ग जानी है
सर्द रात चिल्लर गिनते अब्बाजान की निस्सङ्गता
कौन ने सुनी है
पूरी शाम साबुन के घोल में
फूँकते जबड़ों की थकान के बाद
नींद से पहले बतियाते मनुष्य की ज़बान

अगले दिन
शहर के हर मकाम पे
तैरेंगे कच्चे काँच के अनगिने गेंद ये
कितनी दूर जाने हैं आख़िरकार

स्कूल के रास्ते
रसोई की दहलीज
दोस्तों के गाल
सपनों के जाल
और पूरी ख़लाएँ
सब झेल लिए होंगे टूटने का मोह जब
कहिए अब्बाजान
फिर शुरू करनी है पारदर्शी दुकान

या प्रगति मैदान से और कहीं चलना है

दिन–2

इस न्यून पर टिकता है
चित्त कुछ और थिर, कुछ और भी
बिम्बों के बिना रह सकता है

तुम कहो तो तुमसे भी और नहीं

चट्टान की ओर
अपने झरने के लिए आँख उठाये
शान्त हो जाऊँ

या फिर यह भी अधूरी
यहीं, तुम्हारे खाते में चढ़ती हुई
एक पनीली धूप

एक अस्वीकार दिन

सुबीर और अपने समेत कुछ कवियों को सलाह

बूढ़ी मछुआरिन सी थकी रहो
आज तुम्हें कोई मछली नहीं चाहिए

बाघिन की तरह अलसाओ –
तुम्हारे बच्चे
बाघ
और तुम
खासे शिकार के बाद वाली ऊँघ में हो

या छिपकली की तरह
लगाओ घात, भीतर से कसी रहो
और यूँ ही कभी बीच-बीच में
मामूली लहर लेकर परख लो कीड़े की सतर्कता –
मछलियाँ इस तरह
तुम्हें क्रीड़ाओं के लिए आज़ाद करेंगी

स्वच्छन्द तैरें
कुलाँचें भरें
रेंग, उड़ लें शिकार
तो बरक़रार रहेगी
तुम्हारी देह में घात की लहरता

इधर तुमने लगायी छलाँग
और चुक गयी क्रीड़ाएँ

जाल में कोरी तुम्हीं तुम आयीं

भूखा हाथी और केले का पेड़

एकदम रात में
हाथी के दाँत निकल आये हैं
कुछ खाना चाहता है वह
लगता है सिर्फ़ मुस्करा रहा है

केले का पेड़ स्वप्न देखता है
हाथी की मुस्कान का स्वप्न देखता है
केले का पेड़

हाथी पकड़ने के लिए खुदी हुई ज़मीन
केले के पेड़ के पास
एक टाँग पर गहरी खड़ी है

खड़िया से पेड़ के आसपास एक दायरा
जैसे चाँद के आसपास
दूध के दायरे की हलकी उबासी
ज़मीन पर गिर गयी हो
किसी स्वप्न के आदेश पर

तो ये केले का पेड़
और यह खड़िया का दायरा
दायरे के बाहर

वो एक टाँग पर इतनी गहरी खड़ी
हाथी पकड़ने की सारस ज़मीन
पत्तों से ज़रा-ज़रा ढाँप दी गयी है

भूख की स्वस्थ चमक के साथ
एकदम रात में
हाथी के दाँत निकल आये हैं

सूँड़ जङ्गल की सारी टहनियाँ सूँघती
केले की तरफ़ भागती है

केले का पेड़
दायरे के पहरे में खड़ा
स्वप्न देखता है लगातार

सूँड़ केले के गुच्छे तक पहुँचती है
लार खड़िया के दायरे पर गिरती है
टाँग खुदी हुई ज़मीन में धँसती है

और धँसने लगता है भूख से मुस्कराता हुआ हाथी

लगता है सिर्फ़ मुस्करा भर रहा है पेड़
जबकि उसके स्वप्न में
हाथी के आकार जितनी
भूख की हँसती हुई चमक है

सफ़ेद साँप

बेशक
तुमने भी मेरी तरह सफ़ेद साँप नहीं देखा

अफ़्रीकी एक किताब में
तस्वीर ही देखी थी तुमने
और कैसे रङ्ग उड़ गया था तुम्हारा

पहली नज़र तुम्हें लगा
कोई सियाह नाग ही छिला हुआ है
जैसे एक-एक खींच किसी ने
पूरे जन्म की काँचरियाँ उतार डाली हों
और अचानक कौंध निकली हो आत्मा
गाढ़े हिम की तरह धूप में देखो
तो आँख सहने को टाल जाए

तुमने देखा
और लिक्खाड़ तुम्हारी बाँह का लहू निचुड़ गया

बेशक
मैंने तो अफ़्रीकी विश्व-कोश में
डाल से झूलते बलों की तस्वीर भी नहीं देखी

मैंने तो अनायास एक रात
छू लिया था तुम्हारी बाँह को –

कुछ भी पहले सा नहीं रहा
कुर्सी की धूल तक को आदिम किसी लहर ने पोंछ दिया

कभी लौट भी आये जान तुम्हारी बाँह में
तुम कहोगे कुछ
तो भी वह सुनेगा नहीं

दाँत

आज सुबह
निर्गुणी गा रहे थे कुमार

धीरे-धीरे
साफ़ हो रहा था घर का जाल

बच्चे जा चुके थे
अपने सुख को लेकर
दुविधा याद नहीं थी कोई

कौर तक चबाने में धीरज अपार था

ऐसा ही समय चुन लिया
पिछले एक दाँत ने झड़ने के लिए
पहले पहल समझ ही नहीं आया
मुँह में आख़िर यह हो क्या गया

गोविन्दा,
कैसे ठीक होगा मन

मक्खन की सिल्ली
मन ही मन
पथरा जाएगी

इस गर्मी की चौदह भूमिकाएँ

इस गर्मी
समझ नहीं आ रहा
कौन सी भूमिका अदा करूँ

पतरिङ्गे से कहूँ
चल
अब मक्खीमार परिन्दों में
मेरा शुमार हो

महाराज से कहूँ
मैंने इतना बढ़िया नाचा
मुझे रत्नों का हार दें

माली से कहूँ
कलमें तराश कर दे
मेरे सुनहले बाग़ के लिए

झोपड़पट्टी से कहूँ
शान से लड़ो
मैं तुम्हारे साथ हूँ

कवि शास्त्री से कहूँ
जी अच्छा नहीं है आपका
ऐसे में छन्द का ज्ञान दें

रस की मशीन से कहूँ
बोलो
आऊँ मैं गन्ने की जगह

सिन्दबाद से कहूँ
शुरू करो दास्तान
हाज़िर है हिन्दबाद

किसी ब्याह में जाकर कहूँ
रुक जाओ
मैं इसके ख़िलाफ़ हूँ

प्रेमियों की बीवियों से कहूँ
होश में जाओ
मेरे जाने से कहाँ थमेगा तूफ़ान

बस्ती-भोपाल से कहूँ
न हो हलकान
प्रधान-मन्त्री आयेंगे

हस्ती-भोपाल से कहूँ
शाहीन यार
कहाँ रुके हैं फ़ोक-कलाकार

बच्चों से कहूँ

लुकने के खेल में
मुझे छिपा के भूल जाएँ

अम्मा से कहूँ
जन्म दिया है
सहो इस छलावे को

बिछुड़े प्यार से कहूँ
बाबू, और नहीं
और नहीं सहा जाता

सिल्विया
अन्ना
मरीना

तुम्हारी ही काव्य-लताएँ हैं यह
जो अनायास भँवर में हैं सर से ऊपर

बोलो
इस गर्मी मेरी जगह से बोल के देखो
मैं कौन हूँ
मैं आख़िर हूँ कौन

तुम मेरी कौन हो

जुदाई गीत

(अस्सू को)

जुदाई गीत–1

मैं ऐसे लिख रही हूँ
जैसे अनाथालय में बहुत साल बाद
अपने अन्धे बच्चों से मिल रही हूँ

तुम्हारे जाने के बाद
क्या क़द निकल आया है उनका

कितने छोटे पड़ गये हैं शब्द
जो पहनाने लायी हूँ

जुदाई गीत–2

तुम गये बुआई के बाद
और मैं भूल गयी गेहूँ उग रहा है

बैलों को भूख लगती है
तो साँकल खोल देती हूँ

बच्चे आते हैं
भुँजती ही रहती हैं बालियाँ पूरी शाम
मींड-मींड उन्हें फाँकते रहेंगे मस्त गाँव के छुट्टन

घोंसले गुनती हुई
दूर-अन्दाज़
चिड़ियाँ भी इसी जगह उतरती हैं
पीढ़ियों तक उनके अण्डों में
दर्ज रहेगी मेरे खेत की निडरता

अब उत्सवी हो रही है बालियाँ
लबालब पके हुए हैं परिन्दों के सुर
सुनती हूँ इतना
और याद रहता है

फिर बरसने लगता है आसमान

कीचड़ में घोपते हुए पाँव
मेरे होशगुम भाई भागते हैं

बारिश पर थूकते हुए
अधबनी कुठरियों के अनाजों की ओर
कुरलाते और भागते हैं

अचरज है तुम नहीं हो
तब भी इतना तो जान पाती हूँ

जान पाती हूँ
लेकिन सपना सोख लेता है हर बार
इस बरस
अनाज के साथ
मेरा जानना भी डूब जाता है

लोग आते हैं
द्वार को धकियाते पागल फ़कीरों के हुजूम से
उनकी बाँहें अजाने अनाजों से भरी हैं

वे सीले पूसों को
अफ़सोस की तरह मेरी गोद में डाल देते हैं
मैं देखती हूँ
बावेर से बँधी बालियों में
लेट गये हैं दाने
मिट्टी ने उन्हें बीज समझ

एक बार फिर हरिया दिया है

कुवेली बरसात में
दानों का दोहरा फूट कर निकलना
तुम्हारे जाने के बाद का मौसम है

मैं नहीं जानती
बाहर
मेरे भाइयों का रुदन किसलिए है

जुदाई गीत–3

मुझसे अक्सर पूछते हैं हमारे दोस्त
एक हज़ार एक सौ एक दिन होने को आये

कहो
अब भी तुम्हारी याद आती है मुझे

मैं मानती हूँ
पसीने की बूँद ही को मानती हूँ
जो सरक रही है इस समय
मेरे कान के पीछे

पता नहीं बाबू
यह उनके सवाल की ऊब है
या मेरा बुख़ार उतर रहा है

जुदाई गीत–4

तेरे सपने में थोड़े हूँ पगली
मैं तो बैठा हूँ
टाट पर
सजूगर
अचार भरी उँगलियाँ चाटता हुआ

मैं टाट पर थोड़े हूँ
झूलती खाट में
सो रहा हूँ तेरे पास
इतना पास
कि तेरा पेट गुड़गुड़ाया
तो मैंने सोचा मेरा है
भोर तक यहीं हूँ

तू साँस छोड़ेगी
तो भींज उठेंगी मेरी कोंपलें
मेरी खुरदुरी उँगलियाँ
नींद को रोयी तेरी आँखों पर
काँप-काँप जाएँगी
और तू
झपकी भर नहीं जगेगी रात में

मैं जा रहा हूँ पगली

तेरे खुलने से पहले
उजास में घुल रही है मेरी आँख
छूना मटका तो मान लेना
मैं आया था
घोर अँधेरे तपते तीर की तरह आया था

रात भर प्यासा रहा

जुदाई गीत–5

मुझसे अक्सर कह देता है कोई दोस्त
कैसे कहता है
अगर वाक़ई दोस्त है –

चलो फिर से प्रेम करो यार
भला यह भी कोई बात है
कि पुल से बन्दा गुज़र गया
तो पुल को फूँककर ही दम लो

मैं कहती हूँ कौन सा पुल
कौन बन्दा
होश में तो हो मेरे प्यार
और लो
अचानक बहुत तेज़
सूखे तिनकों में
अङ्गार से दुगनी रफ़्तार
मैं भाग जाना चाहती हूँ

भागते हुए जिस्म में
इच्छाएँ मुझसे भी आगे निकल जाती है
ज़रूर जिस्म का ख़ालीपन ही है यह
जो मुझसे कहीं आगे निकल
अलाव जलाकर बैठ जाता है

इस अलाव में
पुल से गुज़रा बन्दा कहीं नहीं है –
नहीं है
उसका अक़्स
पुल के नीचे पानी में ठहर गया है

नहीं
पुल भी नहीं है

तो फिर बताओ बन्दे
मैं कहाँ खड़ी हूँ
और क्या कह रही हूँ

जुदाई गीत–6

तुम्हें भी याद होगा
कभी-कभी तुम मेरे कपड़े पहनते थे
और मैं तुम्हारे
कुछ ऐसे भी थे जो कभी तुम कभी मैं
याद है न वो चैक शर्ट
जिसकी बाँहें मेरे लिए लम्बी थीं

बहरहाल
मेरे बचपन का लम्बा पीला फ्रॉक तुमने पहन रखा है
लम्बे
अण्डाकार आईने के सामने
बहुत उदास
इस समय
तुम मेरे स्वप्न में देख रहे हो

आईने में देख रहे हो
फ्रॉक पर कढ़ाई करने की धुन सवार है
सफ़ेद धागे की लहरिया पर नज़र है तुम्हारी
बायीं योक पर नमूने उकेरती
सुई तुम्हारे हाथ में है
लेकिन तरल है

टाँका सरल नहीं है
(मैंने तो चौथी में इसे सीखा था)

मैं पीछे से आती हूँ
देखती हूँ
तुम्हारी भूरी गुनगुनी उँगलियाँ
कितना महीन काम कर रही हैं

मैं क्या इतनी देर बाहर रही
इतनी देर
कि सात सुन्दर बेल तुम भर चुके हो

तुम आईने में धागे ही को देखते हो
मन ही मन बोलते हो एकसुर
वो ऐसी जगह है
जहाँ मैं तुम्हें याद नहीं कर सकता
बस अब मैं यहीं हूँ
यहीं हूँ, बुब्ना

तुम बोलते हो बुब्ना मेरा नाम
और धागे को दाँत से काट भी देते हो
और आईना मेरे कमरे में
मेरे सामने
मेरी दीवार तक सरक आता है

अब मैं सामने हूँ
तुम मेरे पीछे खड़े आईने में देख रहे हो

यह ऐसी जगह है
जहाँ मैं तुम्हें याद कर सकती हूँ
और कहती हूँ कि तुम्हें भूलने आयी हूँ

बस
मैं भी अब यहीं हूँ

और मुझे अजीब नहीं लगता
कि आईने में तुम्हारी शक्ल
मेरे भाई जैसी है

सखा की कविताएँ

मैं तो बिल्कुल सहती ही नहीं

मैं पूरी कहानी में रहती ही नहीं

इससे पहले

इससे पहले कि मैं आऊँ तुम्हारे घर
आँगन की धूप में तुम्हें पढ़ते हुए देख लूँ
यह उपन्यास
जिसे मैंने तुम्हारे पढ़ने के बाद वाले आलोक में छूना है
(गिरते तारे की रोशनी में
एक और तारा टूटना है)
इससे पहले कि इसे पढ़ने से मेरा बुख़ार एक सौ सात हो

यह औरत
जो पृथ्वी के ज़हरीले फूलों का सौन्दर्य रूमाल पर काढ़ रही है
जिसके टखने तक में पागलों की सांद्रता छिपी हुई है
इससे पहले कि औरत को छूने की छाया तक आँख में लाऊँ
जो कहे जाने को बेचैन है
या न कहे जाने के नाटक में जो मुखर है पात्र
प्रेम या रूपक या प्रलय या धुआँ या मणिकर्णिका घाट
इससे पहले कि ये बनतू सूचियाँ ये स्वाँग पूरे हों

इससे पहले कि इस उस पंक्ति के मन्थन से
या ज़ेन किसी हाइकु की नोक से
या तुम्हारे इनकार के ताज़े आघात से
समझ का भ्रम फैलने लगे प्राण में

इससे पहले कि इससे पहले का कोई अर्थ निकल आये

पका है या नहीं यह देखने
मुझे चावल का एक भी दाना नहीं उठाना

बद्री नारायण, यह मेरी रसोई है

एक दिन की बात है

एक दिन की बात है मैंने लिख दिया –
दिन
कैसे
कितने
चप्पुओं से खेना है
लोहे की नाव सा
धँसता
हुआ दिन
कौन दिन तुम तक पहुँचे

फिर एक और दिन की बात है मैंने सोचा –
वाह
एक तो लिख दिया लोहे की नाव सा दिन
ऊपर से धँसता हुआ भी लिख दिया

मान लिया कि इसे ठीक किया जा सकता है
(हालाँकि ठीक!
ठीक किये हुए में भी यह भूल
नग
की
तरह जड़ी जाएगी मूरख)
मान लिया कि प्रेम में आप सड़क तक पार करने लायक नहीं रहते

बोलो मान लें आज वही है दिन कि नहीं
जब सङ्गीत में चूर कोई राजा छोड़ गया है महल
टेढ़ी बिन्दी वाली कई बन्दी औरतें रिहा हो रही है

प्रेम कविताओं के शिल्प अपराध सब मुआफ़ हैं
मुआफ़ हैं शमशेर
मुआफ़ हैं मुआफ़ हैं
मरीना स्वेतायेवा

सम्भावना के बिना
प्यार का शहद और नमक–1

तुमसे मिलने के एकदम बाद
मैंने हर बार
दान में दिये हैं अनार के दाने

एक अपार स्नेह
जो न अपने पास रख सकती हूँ
न तुम्हें देकर भारी मन से लाँघ सकती हूँ तुम्हारा द्वार

कोई ख़ास बात नहीं
कोई बात है ही नहीं हमारे बीच
बस
बदहवास
उन्माद से पारे की तरह उतर आना है

तुम्हें आना है पहले दरवाज़े तक
फिर मेरे कमरे
मेरे बुख़ार तक मुझे छोड़ने चले आना है

मेरी दहलीज से कोई ख़ास बात पार नहीं होती
न हुई
न होना है उसे

फिर भी शहद है कि बनता ही जाना है
और शहद की इन्द्री को मौन ही रहना है

सम्भावना के बिना
प्यार का शहद और नमक–2

कल मैंने कहा
मैं तुम्हारा घर ढूँढते हुए थक जाती हूँ
जो लोग आसानी से नहीं मिलते
उनके घर आसानी से मिलते नहीं हैं

मैं तीन बार आयी हूँ
कथा की तीन बेटियों की तरह
कथा की तीन इच्छाओं की तरह
मेरे दुःख से अब काग़ज़ की आवाज़ आती है
कथा जब पहले-पहल लिखता है कोई
उठती हुई कब्रधूल की तरह होता है मेरा आना

तुम नहीं हो
न कभी होने वाले हो
न ही होना चाहिए तुम्हें घर
तुम्हारी रसोई से
सारा का सारा नमक पी जाती हूँ

तुम्हारा न होना ही मेरे प्रेत का स्वाद है
मेरी रोटी अभाव की आँच में पकती है

सखियों के ध्यान में

अर्थों के फूल चुनने पुत्र घाट पर आये हैं

माँ
हमारी अच्छी माँ
हम उदास हैं कि पृथ्वी पर प्रेम का वास है

दशाश्वमेध की उस दीवार पर
शङ्कर के हार की वो आँख़ है न
उसी तक आये थे मेघ नदी को उठाये
उसी बाढ़ की बात है हमने देखे थे जुलाहे
बुनना टाल रहे थे वे साँई के ध्यान में

हम उदास हैं माँ
कि सखियों के ध्यान में
हम बुनना टाल नहीं सकते
ऐसे चुन लिये हैं रङ्ग
उनके परिधान की कल्पनाओं में करघे बौरा गये हैं

लो आती हैं सखियाँ अन्धों का स्वाँग करती हुईं
कैसे उनके अङ्ग अनुराग से परे हैं
यहाँ करघे पर स्पन्दित है नेहराग
वहाँ वेणियाँ में उपेक्षा की फूलों सी महक है

किस प्रान्त में अटके हैं प्राण
रङ्ग में यह क्या अनङ्ग है माँ
ओ माँ
ये रङ्ग क्या शेष हुए जाते हैं

कैसे कहे कोई

कैसे कहे कोई
वह अभी-अभी मेरे कच्चे प्राणों में से होती हुई कहीं गयी है
हल्दी में रँगी हुई चुन्नी धूप में है

अभी-अभी मेरी पलक में उसका एक आँसू
मेरे शब्द में उसकी देह का एक तारा
मेरी आत्मा में उसके प्रेमियों का डेरा

वह अभी-अभी...
मैं किस तरह...
इस शहर में अपने अ-पड़ोस में मैं किससे...

पुराने शहर में
अपनी दीवार में उगते पीपल से कह सकता था

उसकी टेढ़ी-मेढ़ी चूड़ियाँ अभी तक सीढ़ियाँ उतर रही हैं

कथा में मैं का वह में बदलना और मैं का कथा में

(मार्ग्रीत ड्यूरास का उपन्यास *द लवर* पढ़ते हुए)*

यह एक ऐसी कहानी है
जिसमें कोई मैं है जिसे प्यार किया जा रहा है

शुरू-शुरू के दिन हैं, हल्दी के दाग़ से दिन भी हो सकते हैं
हर बार की तरह यह पृथ्वी पर पहले प्रेम की ही चन्द्र-बूँद है
पानी में काँपते हुए पहलेपन की बात भी यहीं से है

बूँद जो बिम्बित है यहाँ पानी में टूट जानी है
कहानी है न जिसमें किसी मैं को प्यार किया जा रहा है
शुरू यूँ है कि टूटने से ठीक एक धड़कन पहले
कि टूटने से ठीक दो धड़कन बाद
कि ओह तुम टूटने की ध्वनि बनने दे रहे हो दो बार
लो आती है पत्तों के ठहरने की आवाज़
नृत्य से थमने की आवाज़ आती है

मैं को गढ़ने की थकान से उठा भी नहीं
और मूँद रहा है देखो एक कथाकार
मैं की पलकें मूँद रहा है
वह की पलकें खोल रहा है

वह ही सहता है हल्दी के दाग़ का उड़ना
वह ही सहती है धूप में दाग़ का उड़ना

मैं तो बिलकुल सहती ही नहीं
मैं पूरी कहानी में रहती ही नहीं

*मार्ग्रीत ड्यूरास के आत्मकथात्मक उपन्यास *द लवर* में मैं नाम का पात्र यूँ ही कभी 'वह' में तब्दील हो जाता है, और वैसे ही अनायास 'वह' फिर 'मैं' में । क्या ऐसा है कि जब 'मैं' से कोई पीड़ा सहन नहीं हो रही तो वह 'वह' में बदल जाती है?

एक नाटकीय औरत के अन्तिम प्रेम का नाटक चार दृश्य कविताओं में

दृश्य एक

समय : आमना की मृत्यु के तीन साल बाद की एक सुबह
स्थान : आमना के पति के घर का बाहरी कमरा
पात्र : आमना के बच्चे
धूप में रज कणों की जगह एक विश्वास की तरह आमना का अहसास। आमना का पति जो मञ्च पर नहीं है।

सात बजे हैं
इस कमरे का पर्दा उठ चुका है, आमना
यह मान लिया गया है कि तुम यहीं हो
मान लिये जाने की शुआओं में कणों की जगह
अ-मृत
आ-मना
यहाँ है
इस होने का स्वागत है

तुम्हारे बच्चे हैं घर और तुम देख रही हो कोई औरत है
तुम्हारा पति उसके लिए चाय बना रहा है

इतनी सुबह

नन्ही पीली तितिलियाँ थक गयी हैं
सुगन्ध में उनके पर भारी हैं मन की तरह हलके भी
खेल रहे हैं रेत के घर में पानी की लकीर खींच रहे हैं बच्चे
इनके पाँव ठण्डे हैं, आमना, वह तुमसे
तुम्हारी ही बात कहने के लिए यहाँ है
इस होने का स्वागत है

यह सावन नहीं है कि बादल को कुछ करके
दिखाना ही है
फिर भी तुम्हारे बच्चों को अनाड़ी की तरह
जूता पहना रही है औरत

उसके कन्धों पे कितने सहजे हैं उनके हाथ
कितने ठीक कितने स्वस्थ
कितना पूर्ण है यह चित्र, यह सुबह
कैसे अपरिहार्य किसी रङ्ग-सी उतर आयी है

मन ही मन
तुम्हारे पति की आँखों को आँसू से चूमती हुई औरत
सुबह के सात बजे
किन पुरखों से माँग रही है प्यार
किस पुल के पार से तुम आयी हो
किस पुल के पार से वह –
मृत्यु है एक, एक है महान कोई प्रेम
तुम आयी हो बहनों-सी बतियाती दूर से
यूँ जैसे एक ही देश से आयी हो

धूप की शुआओं में कणों की जगह
अ-मृत
आ-मना

चाय की खुशबू फैल रही है, और लो
इस मञ्च पर प्यार की छाया आयी तो है

क्या इसे पात्र कहा जा सकता है

दृश्य दो

पात्र : *वही जो मञ्च पर नहीं है, आमना के बारे में औरत के स्वप्न में बोल रहा है*
दीवार के पास औरत सो रही है

वह : मेरे बच्चे उसके न होने का चिह्न भर हैं मेरे लिए
मेरे लिए दुनिया के सारे बच्चे उसके न होने की गूँज हैं
हर औरत उसके न होने के बीच बैठा एक बीज है
बोलो
मैं इस बीज को बो सकता हूँ या नहीं

(औरत का सिर नींद में अचानक बहुत ज़ोर से दीवार से

टकरा जाता है)

औरत : तुमने अपने स्वप्न में मेरा सिर दीवार पर पटक दिया है। तुम जो मञ्च पर नहीं हो तुम्हारे ही सपनों से भरा मेरा सिर तुम्हीं ने पटक दिया है

क्या मैं इसे तुम्हारी गोद में रखकर सो सकती हूँ

क्या मैं तुम्हारे बच्चों को एक कहानी सुना सकती हूँ

तुम नहीं सोचते कि मौत के लिए यही मञ्च ठीक है

यह मञ्च
जो ठीक तुम्हारे विलाप के बीचों-बीच
मेरे लिए निकल आया है

दृश्य तीन

समय : पहले दृश्य की सुबह से कहीं आगे की एक शाम
स्थान : आमना के पति और उनके बच्चों का कमरा
पात्र : लगभग काले परिधान में औरत
मेज़ पे बिखरे काग़ज़ों के बीच लैम्प की रोशनी में एक नीला लिफ़ाफ़ा

औरत आती है
देखती है कोई नहीं है
हालाँकि वह सीख चुकी है
होने न होने के बीच कोई फ़र्क नहीं होता
कि न होने में होना एक बीज की तरह बैठ जाता है
कि इस तरह विछोह एक भ्रम है—
मन ही मन
किसी की आँखों को लाख आँसू से चूमते रहो
पुरखों से माँगते रहो प्यार
और वह मिलता भी है तो उस नीले लिफ़ाफ़े में पड़े सन्देश
की तरह
जो लैम्प की रोशनी में पड़ा है
वह जानती है कि सब जानते हैं उसमें क्या लिखा रहता है
वह जानती है कि फिर भी उस सन्देश के शब्द कुछ नये-नये होंगे
कि वह शब्दों की अनोखी बुनावट से अचानक बेहोश हो जाएगी

किसी ग़रीब की तरह वह तोल लेती है मन ही मन
शब्दों का गूढ़ सम्मोहन एक ओर
प्रेम के सूख जाने को एक ओर

वह फिर भी उठाती है लिफ़ाफ़ा
उसके हलके कागज़ से छुआती है पलकें और गाल
और उसे मेज़ पर यूँ छोड़ती है
जैसे अभी से प्राण छोड़ रही हो

उसे लगता है बच्चों की किताबें फट रही हैं

उसे लगता है उन्हें सिल देना चाहिए

उसे लगता है खिड़कियाँ बन्द हैं
उसे लगता है आईने पर आमना की धूल है

उसे लगता है सृष्टि न उदय होनी है न अस्त

वह अचानक बाहर निकल जाती है
वह दहलीज पर रुककर दरवाज़े पर दस्तक देती है
वह कुछ देर सोचती है शायद वे लोग अन्दर हैं
शायद अन्त के सङ्केत उसने ग़लत पढ़े हैं

उसे यक़ीन नहीं होता
कि वह उसका चेहरा याद करने के लिए दहलीज पर रुकी हुई है
उसे यक़ीन नहीं होता
कि वह अपने चेहरे को छूकर उसका चेहरा याद कर रही है
उसे यक़ीन नहीं होता
मृत्यु का यह भी कोई रूप हो सकता है
कि प्यार को छूने के लिए अपने ही गाल को छू रहा हो कोई

वह भागने लगती है रात के होने की ओर
उसका लगभग काला परिधान आँधी की तरह चल रहा है

गिरते हुए पर्दे की चुन्नटें देख कुत्ते भूँक रहे हैं

वह मुड़ रही है पुल की ओर
जो देख रहे हैं मञ्च की ओर वे इस पुल का नाम जानते हैं

जो मुड़ रही है पुल की ओर
उसे नहीं लगता कि वह मुड़ रही है

दृश्य चार

पुल की रेलिंग के सहारे काले वस्त्र एक खोखले बुत की तरह
खड़े हैं
दूर से देखो तो पता नहीं चलता वस्त्रों में कोई है या नहीं
पास से देखो तो पता नहीं चलता कोई है या नहीं

तहें कुछ यूँ हैं आँधी के अचानक थम गये परिधान में
जैसे जचकी में किसी अन्तिम प्रयास को रोक दिया गया हो

पानी में देखो तो लहरें एकदम मौन हैं

लो कहा साँबरी
और
अन्त की कविताएँ

लो कहा साँबरी*

(कविता के साथ और बिना)

मन के ठगद्वार पर
यह जो इस वक्त यहाँ ठहरी है
सींचने की इच्छा से रिसी हुई यह बूँद
इसे 'साँबरी' कहें
चलो देखें
कहने से क्या होता है

लो कहा – साँबरी
देखें
फल एकदम रसते हैं या नहीं
कच्चियाँ धूप में छलने की हद तक पकती हैं या नहीं
कहें
साँबरी
ओसभरी
बुँदनिया
भ्रमणिया
प्यार के छलावे
भुलावे तक रुलाएगी न!

---

*साँबरी : जादूगरनी

तू
जो खीरे में भरती है ज़ार-ज़ार झाग
फिर अपने आप फीकी मिठास में शान्त
स्वाद पर ठहर भी जाती है—

साँबरी ओ साँबरी
कुत्ता ज्यों पागल कोई
काटते हुए रुक जाए
एक पिल्ले की ओस सी आँख में
देखते हुए बचपन की सुबह
यूँ मौन हो जाए
जैसे खीरे में स्वाद

सुन रही हो साँबरी
फल से खीरा वहाँ से कुत्ता और मौन
यह हाँफते हुए बिम्ब का बदलते जाना
ऐसे में भी दिल का बह ही न पाना
कितना उदास होता है
कि इसे कहना उदास
नदी में डूब जाने की प्यास है

साँबरी
आह
साँबरी
अनिश्चित समयों की उदार आत्मीया

इसी पल
सूख रही है न!

कैसे बताऊँ क्या होगा
क्या होगा
कैसे प्रपञ्च किये जाने हैं
कितनी धूनियाँ
कितने मन रमाने हैं

तेरे छोड़े हुए बिन्दु-स्थल पर
लीलाएँ
विनाश की
अन्तहीन होनी हैं

बच्ची

एक दिन
अपने हिस्से का लावण्य मैंने उसे दिया

बहुत धुआँसी थी धूप उस दिन की
और मुझ पर एक मोरपङ्खी ओढ़नी

उसे लेने की जगह वह नहीं खड़ी थी
डिठौना लगाये वह सन्तरे के छिलकों को देख रही थी
लावण्यहीन टकटकी में उसका एक दिन
पृथ्वी पर, मेरे मन में, भारी था

कहीं गये हैं
उसे बताये बिना उसके सगे कहीं गये हैं

मैं यहीं हूँ
और आज के दिन
सौन्दर्य के बिना रह सकती हूँ

रङ्ग लगाकर उसने

रङ्ग लगाकर
उसने रङ्ग को वापिस खींच लिया

सुर लगाकर
सुर को

शब्द को शब्द की जगह रखकर
शब्द के बोझ को वापिस खींच लिया

फल का पेड़ लगाकर
फल की इच्छा को रीत जाने दिया

फिर एक कङ्कर उठाया
पृथ्वी की खींच से क्षमा माँगते हुए

एक दिन में आख़िर

एक दिन में आख़िर कितनी बार लगना है
यह अन्तिम क्षण है

कितनी बार तुम्हारी आँखें चूमते हुए
कई जन्म कौंध जाने हैं

घास के दो हरे साँप मेरे स्वप्न में लगातार रहते हैं
ये कौन हैं, अस्सू, मेरे बच्चे
मेरे झोले की जेब से मुण्डी निकाल वे क्या माँगते हैं

यह कौन है, मेरी माँ, जो इस समय मुझसे प्रेम कर रहा है

देह की कामना करते हुए
दुख क्यों आ रहा है बार-बार हमारे पास

मैं इतना बोल क्यों रही हूँ

एक मछली

एक मछली गिरी है तुम्हारी गोद में, अभी

मेरी आत्मा
तुम तक पहुँची भी तो कैसे

यह स्वप्न नहीं है

यह स्वप्न नहीं है
रात ढाई के आसमान से मेरे ऊपर
एक कोरा कपड़ा गिर रहा है

मैं अपनी चट्टाई से हट नहीं रही
मेरे दायीं ओर सिर्फ़ तुम्हारी नींद है

मैं मान लूँ क्या
इतने घने प्रेम में भी
कोई किसी को बचा नहीं सकता

मेरी देह पर

मेरी देह पर
तुम्हारी देह से
झिर रही हैं पसीने की बूँदें

आने वाले ग़रीब दिनों के लिए
नमक बन रहा है

आँधी में

आँधी में
अमरूद ने अपनी सुगन्ध फेंक डाली है

उसे पता रहे न रहे
जिसके पास कहानी नहीं थी, अब है
मृत्यु को टरकाने का एक बहाना हवा में है
और मृत्यु की टोह लेने का

मैं भी सुगन्ध के किस चक्र-व्यूह में अनिश्चित
कहाँ, कितना इत्यादि
और कैसे निकलूँ हँसी-हँसी में
इस कविता से आख़िरकार!

उड़ चुकी है

(कुमार शहानी की फ़िल्म *ख़याल गाथा* के लिए)

उड़ चुकी है
गिरे हुए तारे की धूल

पृथ्वी की ओर
करुणा के क्षण वह निकला होगा सुबह के आसमान से

गेहूँ घास पर
ईश्वर सा तारल्य उतर रहा था

"देहतारा"
"भोरतारा"
ईंधन चुनती हुई लड़कियों ने कहा

"मेरे वन में तेरी मृत्यु मेरी ही मृत्यु है"

सन्तप्त कवि

एक जुआ है जिस ओर
आसमान की बिजली बीच-बीच में होने को होगी, अभी
मंशा का कोई ओर-छोर नहीं

बिल्कुल ग़लत माह के बादल घिर आयेंगे, अभी
ताँबे की पतली घण्टियों पर पहली बूँदें, बारिश से पहले की बारिश में
पसीने की तरह आयेंगी। उन्हें पहने हुए
घास के बिना बकरियाँ हैरान होने लगी हैं

मैंने नहीं कहा था यहाँ रहने के लिए
शब्दों के बीच रहना, उन्हें सहना होगा मेरा एकल श्रम
एक साँस और एक शब्द के बीच मेरे ही तोड़े हुए कई पुल
और धूप में बौराये हुए बच्चे

मैं बचाव का उपक्रम किये हुए
अपने श्रम के एकल तने से पिट्ठा लगाकर बैठ रहा हूँ
लो, बैठ रहा हूँ हवा में ढीठ उँगलियाँ नचाता हुआ
अपने पत्तों और वस्त्रों और मित्रों के बिना

शान्त शहर के लोग

नये नामों में, भूकम्प एक और नाम है इस शहर का (ब्याह
के बाद बिटिया का नाम कोई और है)। इसी ओर भाग रहे हैं
शान्त शहर के लोग।

वे भाग नहीं रहे हैं। वे मन में गिरे हुए घरों की बल्लियाँ उठायेंगे,
द्वारों के पल्ले उठायेंगे और हड्डियों के साथ सो जाएँगे।

बच्चे गर्दन से दीमक छुड़ाते हुए भाग रहे हैं। लाल कलगीदार
उनके स्वप्न में बाँग देते हुए भाग रहे हैं।

शान्त शहर के कवि मिरासिनों का हाथ थामे धीमे-धीमे चल
रहे हैं। चाँद उनके साथ नहीं हैं। पत्तों से छनते हुए तारे
उनके साथ नहीं हैं।

भूकम्प बहुत दूर है, वे निश्चिन्त हैं। चाँद उनका साथ नहीं दे
रहा, कि तारे उनके साथ नहीं चल रहे, वे निश्चिन्त हैं।
वह भूमि उनके पाँव तले नहीं हैं जो अभी तक काँप रही है।

जो कभी भी काँप सकती है
उनके पाँव तले नहीं है।

थके हुए शहर के लोग

आख़िरकार
एक थके हुए शहर की ओर भागते हुए लोग
स्वस्थ लग रहे हैं

जामुन हर जगह उतने ही सियाह हैं
जितना सूखे बादल उन्हें कर सकते हैं
घास के कीड़े घास जितने ही हरे
हरा उतना जितना थकान में सम्भव है
भ्रम उतना जितना कि हो सकता है

भागते हुए उनकी थकान उतनी ही है जितनी देह की सामर्थ्य

बुढ़िया किसी अनजान शब्द का सुमिरन कर रही है

कोई कहता है
ला, अम्मा, यह चावल हमें दे दे
दो कोस दूर है थका हुआ शहर
तू पहुँच नहीं पायेगी

ईर्ष्या–1

सात साल बाद
मैं एक बार फिर ईर्ष्या करना चाहती हूँ

एक तिनका उठाये
वह आये
और अग्नि से रीत गए प्रान्त में उसे रख के चली जाए

उसे, उस अन्य को
अन्य की तरह ही देख पाऊँ
आत्मीया की तरह नहीं
जिस पर होनी वैसे ही मँडराती है
जैसे मुझ पर
उसे लेकर
मैं सृष्टि के सौत-तत्त्व में ग़र्क होना चाहती हूँ

इस शिखर से उतर जाना चाहती हूँ
जहाँ भूत हैं जो छूते नहीं हैं
प्यास लगने से पहले ही मिट जाती है

जहाँ बिम्ब भी हिम से निम्न किसी स्तर के नहीं होते

जहाँ अभाव
एक शान्त कुत्ते की तरह स्वर्ग की ओर चल रहा होता है

ईर्ष्या–2

वह सरसों के फूल जैसी है
मेरे सपने में एक औरत के बारे में तुमने कहा

मैंने देख ली थी स्वप्न में
अचानक एक पर्दा हटाकर तुम्हारी मोहक मुस्कान
उसकी ओर मैंने ही सही थी स्वप्न में

वहीं से तुम मेरे पास आये हो
अभी तक मुझसे कह रहे हो –

यह तुम्हारे स्वप्न हैं
मुझे क्षमा करो
यह तुम्हारे स्वप्न हैं

न ओस ही

न सामर्थ्य
न स्वीकृति
न मनाही को होना है न ओस ही त्वचा में

गौरय्या
को आना है
पर्दों के बीच मूरख एक घोंसला शुरू हो जाना है

ठीक उसी पल
शिवपुत्र को गा नहीं पाना है
पपीते के पत्तों को बस हिलते हुए रहना है

धूप में ज़र्रों की दिशा टूट रही होनी है
तिनके उड़ रहे होने हैं पर्दों की ओर

ठीक उसी पल
गवय्ये को सोना है

एक वस्त्र ही

देह में
शब्द नहीं बन रहे
और समय

आज सारा दिन
खूँटी पर सफ़ेद शर्ट हिलती रही
चिड़ियाँ डरकर उड़ती रहीं

"पानी पियो", कोई कहता है
"तेईस साल पहले की एक बूँद
ही सही, पियो तो"–
सूनी देह की ओर
अपनी देह की पूरी नमी से देखते हुए
कोई कहता है

शब्द सहज हैं
और दुख

कमरे में
एक वस्त्र ही हवा का उत्तर देता है

अन्त की कविताएँ–1

प्यार हो सकता है यह जो घाट की तिलकनी सीढ़ी पर बैठा है। कोई अन्चीन्हा जानवर है जिसकी याद उसे देखकर आती है।

एक स्वप्न हो सकता है यह – मन्दिर में स्तम्भों की जगह नितम्ब तने हैं। ईर्ष्या की राख बरस रही है। अभी समय है, अभी समय है – एक बूढ़ी औरत रेतीली घास में बोल रही है। झुर्रियाँ मिट जाएँगी, अभी समय है, मेरे बच्चे।

माथे फटने को हैं, आत्माएँ काँच के गुम्बद को तरेड़ती हुई बह रही हैं। एक दमकती देह लहर में अपनी एड़ी को खुरदुरे पत्थर से माँज रही है। एक तिनका सा पुरुष गेंदे के फूलों के पास बैठा है। आँखें नम हैं। तुम बताओ, वह कहता है, क्या मेरे पास कुछ भी नहीं है?

उसके बायीं ओर किसी के स्तनों के बीच एक सतरङ्गी पत्थर रह-रहकर अपनी धूप बना रहा है।

सुबह के दस बजे नदी में तैयार चाय सा पानी है। जापानी एक नचैया बहुत धीमा नाच रहा है, बाँसुरी चिता की ओर उठाये।

कोई आने वाला है
इस कविता का भ्रम तोड़ने
कोई आने वाला है

अन्त की कविताएँ–2

"मेरे पीछे-पीछे आओ"
समुद्र की ओर चलते समय
पानी में पानी के प्राण ने डूबते हुए मनुष्य से कहा

"मेरी आँख में उतरे सूर्य के साक्ष्य में अपनी देह की ऊष्मा
छोड़ दो"
सुनहरी ने मीनपङ्ख हिलाते समय डूबते हुए मनुष्य से कहा

एक लहर के आग्रह से
सीपियाँ कुछ इधर-उधर हुईं
अस्थियों ने अपनी अपनी देहों की कल्पना में
डूबते हुए मनुष्य से कहा –

"उथली हो रही हैं नदियाँ
सदियाँ हो गयीं हैं हमें डूबते हुए"

अन्तिम मनुष्य डूब रहा है –
सुबह के सूर्य में डूब रहा है
अति एक जाति का यह अन्तिम श्वास

प्रतीक्षा में कच्ची नींद सोयीं
पृथ्वी की सारी मनुष्य माँएँ गहरी नींद में डूब रही हैं

अपनी इच्छा से डूब रहा है पुत्र
तट पर इस बार कोई भीड़ नहीं है

गेंदे का फूल है एक मत्स्य-गन्धा लहर की झाग में

सुनहरी पुलक रही है

अन्त की कविताएँ–3

कोई हिला गया है

यह खेल जो बच्चे जमा कर गये हैं
खेल छोड़ जो पानी वे पीने गये हैं
उनके गड्ढों में कोई वही पानी भर गया है
कञ्चों को सरका पेड़ के पीछे छिप गया है

कोई हिला गया है
नींद में पकते हुए फल की मिठास थम गयी है
नन्ही चिड़िया की उठी हुई पूँछ के नीचे लाल निशान बनने से पहले
सृष्टि के रङ्ग-विधान ही को कोई हिला गया है

एक सुन्दर जीव अपनी ओर से केंचुल छोड़ रहा है
उसे पता नहीं, कोई केंचुल नहीं है

मनुष्यों में उन्हें ही सुख है
वही श्रेष्ठ हैं
दुख मनाने के लिए
जिनके पास दुख अभी शेष हैं

अन्त की कविताएँ–4

तट पर पहुँच गया है मछलीमार

कालिदास चौकन्ने हैं
मछली के पेट में नायिका की अंगूठी चौकन्नी है

नहीं हो पाना है व्यापार
जाओ, मछलीमार

स्मृति
इस बार नहीं आनी है जाल में

सृष्टि
इस बार नहीं लगनी है काँटे में

तेजी ग्रोवर : परिचय

कवि-कथाकार, चित्रकार, अनुवादक। पिछले दस वर्ष से लेखन के अलावा चित्रकला में भी सक्रिय। अब तक देश-विदेश में सात एकल और तीन समूह प्रदर्शनियाँ (दिल्ली, जयपुर, बेंगलुरू, गोआ, विस्बी (स्वीडन), उल्विक और ट्रॉन्डाइम (नॉर्वे)। इन दिनों भोपाल में आवास। पता : ई-4/361, अरेरा कॉलोनी, भोपाल-462016। ईमेल : tejigrover@yahoo.co.in

प्रकाशित पुस्तकें:

जैसे परम्परा सजाते हुए (तीन कवियों का सहयोगी संकलन), पराग प्रकाशन, 1981; **यहाँ कुछ अँधेरी और तीखी है नदी** (कविता संग्रह), भारती भाषा प्रकाशन, 1983; **लो कहा साँबरी** (कविता संग्रह), नेशनल पब्लिशिंग हाऊस, 1994; दूसरा संस्करण, वाणी प्रकाशन, 2016; **अन्त की कुछ और कविताएँ** (कविता संग्रह), वाणी प्रकाशन, 2000; **नीला** (उपन्यास), वाणी प्रकाशन, 1999, दूसरा संस्करण 2016; **मैत्री** (कविता संग्रह), सूर्य प्रकाशन मन्दिर, बीकानेर, 2008; **सपने में प्रेम की सात कहानियाँ**, वाणी प्रकाशन, 2009; **तेजी और रुस्तम की कविताएँ**, हार्परकॉलिंस इंडिया, 2009; **नीला घर और दूसरी यात्राएँ** (निबन्ध संग्रह), वाणी प्रकाशन, 2016

अनुवाद:

फीका गुलाबी रङ्ग (स्वीडी कवि आन येदरलुण्ड की कविताएँ), सूर्य प्रकाशन मन्दिर, बीकानेर, 2008, सहित पुस्तकाकार बारह अनुवाद प्रकाशित। शेष सूची के लिए देखें पृष्ठ 90

1989 में **भारतभूषण अग्रवाल स्मृति पुरस्कार**; 2003 में **रज़ा फ़ाउण्डेशन पुरस्कार**; 1995-1997 के दौरान **प्रेमचन्द सृजनपीठ, उज्जैन, की अध्यक्षता**; और **वरिष्ठ कलाकारों हेतु नेशनल कल्चरल फ़ेलोशिप**।

तेजी ग्रोवर की कविताएँ अंग्रेज़ी, स्वीडी, नॉर्वीजी, पोलिश, इस्तोनिआई, कैटलन, मराठी, पंजाबी, असमी, बांग्ला और तेलुगु में अनूदित हुई हैं, और कई संकलनों में शामिल हैं।

उनका उपन्यास **नीला** अंग्रेज़ी और पोलिश में अनूदित है।

वाणी प्रकाशन से प्रकाशित
तेजी ग्रोवर द्वारा विश्व साहित्य के अनुवाद

नोबेल पुरस्कार विजेता नॉर्वीजी लेखक **क्नुत हाम्सुन** के उपन्यास **भूख**, 2004, और **पान**, 2003, और उनके संस्मरण **घास ढँकी पगडण्डियाँ**, 2014

बर्फ़ की ख़ूशबू (स्वीडी कविता का संकलन), 2001

टूवे ओल्गा ऑरोरा (स्वीडी कवि **लार्श लुण्डक्विस्ट** की कविताएँ), 2006

हिन्दी कवि रुस्तम के साथ **हेनरिक इब्सन** के नाटक **हेड्डा गेब्लर** और **मास्टर बिल्डर**, 2006

दस समकालीन नॉर्वीजी कहानियाँ, 2008

फ्रांसीसी लेखक **मार्ग्रीत ड्यूरास** का उपन्यास **मृत्युरोग**, 2010

नॉर्वीजी उपन्यासकार **थारयै वेसोस** का उपन्यास **परिन्दे**, 2012

लात्वी उपन्यासकार एवं कहानीकार **नोरा इक्स्टिएना** की कहानियाँ **जीवन-गाथाएँ**, 2016

नॉर्वीजी उपन्यासकार **यून फ़ुस्से** का उपन्यास **आग के पास आलिस है यह**, 2016